# Guide

## Catalogue-Portier

### Alger 1874.

ALGER
Imprimerie V. AILLAUD et Cie

# AVIS AUX ÉTRANGERS

## qui veulent visiter la province d'Alger

Concentrer, en quelques pages, des indications et renseignements utiles à tous les Européens qui viennent visiter en touristes la province d'Alger, tel est le but modeste de cette courte notice.

L'auteur met au service de ceux qui veulent voir et bien voir notre beau pays, les fruits de son expérience personnelle. Algérien presque de naissance, il a vu de ses yeux et parcouru à plusieurs reprises toutes les localités, tous les chemins qu'il indique. Il sait les difficultés que présentent certaines excursions et aussi les ressources qui s'y rencontrent, et peut enseigner aux étrangers, aussi bien qu'à beaucoup d'Algériens, les moyens de voyager soit dans les environs d'Alger, soit dans l'intérieur, le plus vite et au meilleur marché possible, — tout en y consacrant le temps nécessaire pour s'initier aux mœurs des différentes races qui vivent côte à côte sur les territoires de l'Afrique française.

Comme c'est au port d'Alger que débarquent presque tous les voyageurs européens, c'est par une courte description de cette ville que doit commencer la série des renseignements qui peuvent les aider dans leurs investigations à travers cette cité singulière où les mœurs de l'Orient et de l'Occident se trouvent en contact perpétuel, sans pourtant se confondre.

C. PORTIER.

# ALGER

Ancienne capitale du plus puissant et du plus redouté des Etats Barbaresques, la ville d'Alger, depuis 1830, époque de sa conquête par la France, a donné son nom à tous les territoires successivement soumis à notre domination sur les côtes septentrionales de l'Afrique.

L'antique El-Djezaïr — en arabe les Iles — Alger la guerrière, — ce nid de forbans, est restée la capitale des possessions françaises, le siége de leur gouvernement. Située au bord de la Méditerranée, par 0,44 m. de longitude Est du méridien de Paris et 36 degrés 47 minutes de longitude Nord, — c'est-à-dire presque au niveau de Cadix et de la pointe méridionale de l'Espagne, sa distance de Paris est de 1644 kilomètres : ce qui équivaut à 1021 miles anglais de 1760 yards.

La population de la ville (*intrà muros*), s'élève à 55.000 habitants, dont environ 34.000 Français, y compris 8.000 Israélites indigènes, 6.000 Musulmans, Maures ou Arabes et 15.000 étrangers pour la plupart Espagnols, Italiens et Maltais.

Vu de la mer à une certaine distance, Alger offre l'aspect d'un cône tronqué, d'une entière blancheur dans sa partie supérieure et de teinte plus grise à sa base. Bâties par les Maures et les Turcs, les maisons de la vieille ville apparaissent sur la pente rapide d'un contrefort détaché du mont Bouzaréa, au-dessus des hautes constructions de la ville européenne dont le pied semble se baigner dans la mer.

Placé à l'ouest d'une baie, rade foraine et mal abritée, — le port, presque entièrement artificiel et construit à grands frais, est fermé par deux môles, dont l'un au nord a plus d'un kilomètre, presque un mile anglais de longueur. Eclairé par un phare et deux feux placés à son entrée, ce port n'a pas moins de 90 hectares de superficie, soit plus de 222 acres. Il peut contenir 30 à 40 bâtiments de guerre et 200 navires de commerce à voiles, de 150 à 200 tonneaux: jauge ordinaire de ceux qui parcourent la Méditerranée.

Du côté de la ville, des quais, trop étroits par places, bordent le port et sont échancrés par deux bassins de faible dimension ; en outre, les bâtiments de la Douane, ceux appropriés au service des compagnies de transport par bateaux à vapeur et la gare du chemin de fer d'Alger à Oran, absorbent une trop grande part de la surface de ces quais dominés par un boulevard qui présente l'un des plus beaux fronts de mer du monde.

Cette magnifique construction achevée en six ans par une compagnie anglaise que dirigeait sir Morton Peto, n'a pas moins de 1,150 mètres de parcours, — 1,248 yards. Les montées et rampes qui, de toutes parts, mettent ce boulevard en communication avec les quais, atteignent presque le même chiffre.

Enfin la série des voûtes hautes et profondes, à double étage sur certains points, qui soutiennent cette large voie, offrent au commerce 48 mille mètres superficiels de magasins couverts et frais en toute saison. Des escaliers en partie couverts et partant du quai, montent en plusieurs endroits sur le boulevard ; l'un d'eux aboutit à celui où ce boulevard se confond avec la principale place de la ville qui offre ainsi au spectateur un panorama superbe sur le port, la mer et les montagnes qui forment l'horizon à l'Est de la rade.

Presque au milieu et au Nord de cette place, en arrière d'une statue en bronze du duc d'Orléans, mort avant la Révolution de 1848 qui renversa le roi Louis-Philippe, s'élève une mosquée construite par les Turcs et consacrée au rite de la secte hanéfite, l'une des quatre sectes orthodoxes de la religion musulmane. Sa structure singulière en forme de croix latine, dont le centre est surmonté d'un dôme ou marabout, mérite un examen spécial; l'entrée en est facile aussi bien que celle de la grande mosquée malékite placée un peu plus au Nord, donnant d'un côté sur le boulevard et de l'autre sur une rue qui partant d'une petite place descend vers un escalier conduisant au port. L'étranger peut visiter ces mosquées ouvertes presque toute la journée et dont la plus grande renferme dans son enceinte le tribunal du Cadi, juge musulman qui statue sur les procès de ses coreligionnaires.

A l'Est de la place, le boulevard qui se prolonge jusqu'à l'extrémité de la ville basse, est bordé de superbes maisons à grandes arcades. Les plus remarquables sont l'hôtel de la Banque et l'hôtel d'Orient, aux élégantes et larges proportions, où les étrangers riches trouvent toutes les recherches du confortable et qui, sur ce point, rivalise avec les plus beaux établissements des capitales européennes.

Mais il en existe beaucoup d'autres où, voyageurs, commerçants et touristes, peuvent aisément trouver, à prix modéré, table et logement fort convenables, suivant leur fortune ou leurs goûts. On peut citer entre autres : l'hôtel de la Régence, situé sur la place, au-dessus d'un bosquet de palmiers et d'orangers, ainsi que l'hôtel d'Europe, placé près du Théâtre. Sur la place du Gouvernement existe aussi le café de la Bourse, l'un des plus anciens d'Alger, où l'on peut déjeuner ou dîner comme dans les meilleurs cafés-restaurants parisiens. La cave comme la cuisine n'y laissent rien à désirer.

Comme le Boulevard, plusieurs rues de la basse ville et la place du Gouvernement, sont bordées d'arcades qui, en tout temps, permettent au piéton de circuler d'un bout à l'autre de la ville sans s'exposer aux ardeurs d'un soleil presque toujours sans nuages et aux ondées rares mais drues, d'un hiver moins froid que le printemps de l'Angleterre et du Nord de la France. Car telle est la douceur du climat qui règne sur tout le littoral algérien, que l'hiver y est certainement la saison la plus agréable. Verdure et fleurs y couvrent constamment les jardins et les champs. La neige ne s'y voit que sur les plus hautes cimes de l'Atlas et seulement pendant quelques mois, elle disparaît toujours avant la fin d'avril.

Dans son aspect, la ville basse tout entière est semblable aux cités européennes. Sous les arcades qui les bordent de chaque côté, s'ouvrent d'élégants magasins où chacun peut trouver à souhait de quoi satisfaire aux exigences raffinées de la civilisation la plus avancée. Marchands et artisans de toute sorte s'y rencontrent à chaque pas. Il n'est article de consommation, d'ameublement ou de toilette que l'on ne puisse s'y procurer.

Des voitures publiques, partant à chaque instant, conduisent dans tous les environs, et sur plusieurs places stationnent des calèches, paniers et autres véhicules, qui se louent à la course, à l'heure ou à la journée.

Le prix de tous ces véhicules est fixé à un chiffre modéré, par un tarif affiché dans chaque voiture. Celle qui, par le bon marché, attire le plus grand nombre d'habitués, porte le nom de *corricolo*, bien qu'elle ne ressemble en aucune façon au corricolo napolitain. Celui d'Alger est une sorte de longue carriole couverte, montée sur quatre roues, s'ouvrant à l'arrière par une portière garnie d'un marche-pied ; on s'y asseoit sur deux banquettes dans le sens de la longueur et adossées contre les parois du coffre ; chacune de ces banquettes peut suffire à quatre personnes — deux autres peuvent s'asseoir avec le cocher sur un banc couvert, à l'avant de la machine, que traînent deux ou trois chevaux du pays. Malgré leur méchante mine, leur course est rapide et l'on va vite ; par contre on est rudemnt secoué.

C'est la voiture des petites bourses ; les indigènes s'y trouvent si bien que c'est pour eux une fête d'y voyager, et il n'est pas rare de les voir s'entasser en nombre dedans et dehors, sur l'impériale, de façon à ne pouvoir remuer.

Les principaux édifices de la basse ville sont à peu près tous des constructions bâties depuis la conquête ou refondues et appropriées aux convenances européennes. Aussi en partant de l'extrémité Nord — soit de la porte *Bab-el-Oued*, — porte du ruisseau, on trouve à gauche au pied du rempart, l'arsenal et l'esplanade de l'artillerie entre la route et la mer ; puis à droite les magasins du génie et, sur le terrain qui s'élève, un jardin public formant terrasse et dénommé Jardin *Marengo*, du nom d'un officier qui l'a créé en employant les bras de condamnés militaires, enfermés dans un fort voisin, à cette tâche difficile de transformer en une véritable oasis un terrain nud et ravagé.

Puis se dressent, contigus au Jardin, les vastes et superbes bâtiments du Lycée d'Alger. En continuant de marcher par la rue Bab-el-Oued qui s'ouvre sur une petite place à la suite du Lycée, on passe devant une vieille mosquée mauresque, convertie en église catholique, et l'on arrive à la place du Gouvernement dont nous avons déjà parlé. A l'Ouest elle est plantée d'une allée de platanes, séparée par une large voie des hautes maisons qui la bordent. Les deux plus grandes forment autant d'îlots et sont percées de passages où se sont refugiés les marchands maures et juifs qui peuplaient les anciens bazars, placés sur le même terrain.

C'est dans les boutiques ouvertes sous ces passages, que dans de petits magasins se vendent ce que l'on appelle les articles indigènes, tissus, tapis, petits meubles et surtout bijoux de valeur minime. La plupart des objets étalés dans ces étroites loges et au dehors, sont trop souvent de fabrique française. Quand on se laisse prendre à ces contrefaçons, on achète fort cher, des objets de prix infime. Mais il est un endroit où peuvent s'acheter au dessous de leur valeur, nombre de curiosités de provenance certaine, c'est tout simplement aux ventes mensuelles du Mont-de-Piété, — établissement de prêt sur gage, où les amateurs de ces objets pourront acheter ou faire acheter par des intermédiaires des haïcks de Tunis, des tapis de Mascara, des étoffes brodées par les femmes arabes, des bijoux grossiers de Kabylie et ceux plus délicats travaillés par les Maures.

Que l'on pardonne à l'auteur cette digression dans l'intérêt des étrangers que trompent trop souvent les courtiers indigènes de toute religion.

Après après traversé la place en droite ligne, par la rue Bab-Azoun on arrive à la place Bresson où s'élève le Théâtre, de structure agréable à l'extérieur, mais qui, à l'intérieur, ne répond pas à l'élégance incontestable de sa façade.

Plus loin, sur le boulevard de la République, déjà décrit, dont le tracé est parallèle à la rue Bab-Azoun et à celle de Constantine qui en est la continuation, on remarque le bel édifice où sont réunis les services du Trésor, de la Poste et du Télégraphe.

Sur la rue de Constantine, on trouve encore, à droite, une série de voûtes sur lesquelles monte une rampe garnie de belles maisons et dont le pied est décoré d'un très beau palmier. En face sont les énormes constructions de la Manutention militaire, où les grains achetés par l'administration sont emmagasinés, moulus et transformés en pain et biscuit pour les troupes.

Enfin, après une petite esplanade où débouche le boulevard pour se réunir à la route qui sort de la ville, se trouve le vieux fort Bab-Azoun, bâti par les Turcs et servant aujourd'hui de caserne-prison aux condamnés militaires.

En face du fort Bab-Azoun, entre le terrassement du mur d'enceinte et les terrains plus élevés que la route dont elle est bordée à droite, est coupé un chemin ou tranchée montant à une porte, consistant en deux hautes voûtes qui percent le rempart et aboutissent au pont-levis jeté sur le fossé.

Cette porte, la route extérieure où elle conduit et la rue spacieuse par où l'on y arrive du côté de la ville, ont toutes trois reçu le nom d'Isly, en mémoire de la bataille gagnée sur l'empereur du Maroc par le maréchal Bugeaud, l'un des gouverneurs de l'Algérie.

En tournant vers l'intérieur de la ville pour y revenir par la rue d'Isly, on trouve sur une petite place qui la précède, la chapelle consacrée au culte de la religion dominante en Angleterre. Cet édifice de petites dimensions, mais d'un style élégant et sobre, a été construit aux frais de la société anglaise, assez nombreuse à Alger qui, en outre, a acquis la propriété d'une part du cimetière de Mustapha, commune contiguë à la ville, qui embrasse toutes les terres situées entre le sommet des collines qui la dominent et la mer, sur une longueur de 6 kilomètres — 3 milles et demi.

Après avoir parcouru la rue dite de Constantine de l'Ouest à l'Est jusqu'à l'enceinte, la rue d'Isly qui lui est à peu près parallèle est le meilleur et le plus court chemin pour revenir vers le centre et passer dans les hauts quartiers.

Si le visiteur suit en marchant de l'Est à l'Ouest, cette voie large, plantée d'arbres et déjà garnie sur presque tout son parcours de maisons européennes et d'établissements industriels, il rencontre bientôt une place carrée au milieu de laquelle se dresse sur un piédestal de granit rose la statue du maréchal Bugeaud en bronze.

Marchant encore dans le même sens, on arrive au bout de la rue d'Isly qui tombe dans celle dite de Rovigo ainsi baptisée du nom d'un autre gouverneur, — Savary, duc de Rovigo, — l'un des serviteurs dévoués du premier empire qui a dû sa fortune et sa triste notoriété au rôle par lui joué dans l'assassinat du duc d'Enghien.

Cette rue ou route de Rovigo qui, par nombre de détours s'élève jusqu'en haut de la ville, s'amorce sur la limite de la place du théâtre et son premier tournant à droite, rencontre la rue d'Isly qu'elle continue en montant pour bientôt tourner à gauche. En traversant la première partie de cette voie qui monte et suivant le court tronçon compris entre les deux tournants, on aperçoit bientôt une grande place dont trois côtés sont bâtis, le quatrième est fermé seulement par un mur d'appui, interrompu au centre par un espace vide formant le sommet d'un escalier monumental en pierre, à doubles rampes et balustres qui descend sur un morceau de terrain placé derrière et au niveau du théâtre.

Ainsi, de la disposition inégale des terres sur lesquelles a été bâti tout ce quartier, il résulte que, placé au débouché de l'escalier sur la place supérieure, on se trouve à peu près à la hauteur du toit centriforme du Théâtre, et comme qui dirait au second étage de la ville.

Sur cette place, dite de la Lyre, et du côté nord, s'ouvrent deux rues, toutes deux percées à travers des terrains tourmentés, où, dans un dédale de ruelles, d'impasses sombres et tortueuses, s'entassaient de vieilles maisons mauresques.

La première, dite de la Lyre, comme la place où elle finit, descend jusqu'à la Cathédrale par une pente assez rapide entre deux rangées d'arcades, surmontées de maisons élevées et bâties avec un certain luxe, jusqu'à la place où sont situés côte à côte la Cathédrale et le Palais du Gouverneur général.

La seconde, moins inclinée, baptisée rue Randon, nom d'un troisième gouverneur, monte doucement par une courbe peu gracieuse jusqu'à la place du même nom où est située la synagogue israélite. Presque tous les quartiers placés au-dessus appartiennent à

## LA HAUTE VILLE

Dans cette partie de la capitale algérienne, que beaucoup appellent encore le vieil Alger, l'élément européen de la population n'a pénétré que dans certaines fractions clair-semées.

Là, règnent encore les mœurs musulmanes, les mœurs de l'Orient ; là, d'étroites ruelles, tortueuses et sombres, souvent taillées en escalier, sont enfouies entre des rangées de loges informes, sans autre ouverture extérieure qu'une porte massive et quelques lucarnes carrés, garnies de barreaux croisés en fer. Presque toutes ces demeures surplombent sur la rue, et beaucoup passent par dessus. Les difficultés que présentent à chaque instant ces voies rapides et délabrées, expliquent l'abandon général dont les honore la population sédentaire de race européenne ; mais elles offrent, par contre, au voyageur et à l'artiste, qui recherchent le pittoresque, des accidents, des aspects étranges et curieux.

Un ou deux jours consacrés à une excursion au milieu des restes encore debout de la cité des forbans, ne sera pas temps perdu pour ceux qui veulent se faire une juste idée des races diverses dont elle était peuplée aux temps de sa splendeur barbare.

Au sommet de ces vieux quartiers, en partie détruits et placés en haut du cône que forme la ville, existe encore le palais-forteresse, dernier refuge des souverains de la Régence d'Alger, de ces despotes élus par une milice mercenaire, qui jouissaient d'un pouvoir absolu, tempéré par la révolte et l'assassinat.

Aujourd'hui, la Casba a bien changé de face ; une voie publique, carrossable la traverse et communique avec le dehors par la porte donnant sur la campagne, jadis réservée aux habitants de la forteresse. Une partie des bâtiments sert de caserne ou de logement à l'officier qui commande le fort désarmé.

De là, une longue voie en pente trop rapide, se précipite au cœur de la basse ville, dans la rue Bab-el-Oued, au coin de la Mosquée, convertie en église catholique, sous l'invocation de Saint-François de Paule ; à droite et à gauche, courant dans tous les sens de haut et de bas, s'embranchent une foule de ruelles sur lesquelles s'en ramifient d'autres.

On y trouve quelques maisons mauresques bien conservées à l'intérieur et toutes construites à peu près sur le même modèle — cour dallée découverte, plus élevée que la rue ; où l'on accède par des portes en bois sculpté à garnitures en fer ouvragé, et un escalier droit, à hautes marches, revêtues de marbre ou de faïences vernies, ainsi que les murs, jusqu'à hauteur d'appui. Sur tous les côtés de cette cour des colonnettes en marbre ou pierre, avec ou sans torsades, cannelures et chapiteaux sculptés, provenant de fabrique italienne, soutiennent des arceaux en ogive, le tout formant galerie *couverte* autour de la cour. — Au dessus, autre galerie pareille, à balustrade en bois taillé et sculpté, à découpures légères ; sur cette galerie où l'on grimpe par un escalier plus rude encore que l'autre, s'ouvrent trois ou quatre chambres longues et pauvrement meublées, sauf de rares exceptions.

Mais ce n'est pas dans le fouilli de bâtisses à moitié en

ruines de la haute ville, qu'il faut chercher les plus belles et les mieux conservées des habitations d'architecture mauresque. Sous la domination des Turcs comme sous celle de la France, les riches et les fonctionnaires de tout rang logeaient de préférence dans la basse ville où étaient situées en outre les casernes des Janissaires, véritables souverains de la Régence.

Aussi, en descendant de la Casbah du côté Nord après la prison civile de construction européenne et disposée pour l'application du système cellulaire, on ne rencontre rien de vraiment remarquable, à l'exception de la mosquée dite de Sidi Abderrahman, bâtie sur la tombe du saint de ce nom, en dehors de l'ancien rempart, du côté de la porte Bab-el-Oued et au-dessus des bâtiments du Lycée dont il a été parlé plus haut.

A une certaine époque de l'année les femmes mauresques et arabes vont en pèlerinage au tombeau du saint Marabout où beaucoup passent plusieurs nuits dans des chambres réservées à cet usage.

Après l'avoir visitée, on revient par la route Valée qui passe derrière le Jardin Marengo d'où l'on descend à l'entrée de la rue Bab-el-Oued, ayant ainsi visité tous les étages de la ville.

Comme il a été dit plus haut, c'est dans les quartiers transformés de la ville basse que se trouvent les échantillons les mieux conservés de l'architecture mauresque. Parmi ces palais appropriés aux divers services du gouvernement algérien, il faut citer, d'abord le Palais du Gouverneur et celui de l'Archevêque, tous deux situés en regard, près de la Cathédrale, sur la petite place Malakoff, puis dans la rue voisine, dite de l'Etat-Major, l'ancienne résidence des héritiers du dey Mustapha, contemporain du Consulat qui prépara le premier Empire. C'est dans l'intérieur de ce palais, très bien conservé, que le Musée et la Bibliothèque d'Alger ont été réunis, dans la rue de l'Intendance, la grande maison convertie en salle d'audience de la Cour d'assises, et enfin, la Caserne des Janissaires, sise rue Médée, longtemps occupée par l'artillerie, ensuite par un Collége dirigé par le clergé diocésain et destiné aujourd'hui au Cercle militaire de l'armée algérienne.

Mais il faut nous arrêter ici, car il est impossible d'indiquer en détail toutes les curiosités de cette ville singulière, dont il est utile de terminer la courte esquisse par quelques observations sur les diverses races indigènes qui font partie de sa population ; sur les costumes bigarrés, sur les types étranges et variés à l'infini qui, à chaque pas et partout, dans les rues, sur les places et marchés, défilent sous les yeux du spectateur européen.

———

Les Maures, issus des Arabes qui avaient conquis toute la côte africaine et envahi l'Espagne, sont, en général, religieux, honnêtes et paisibles.

Pieux musulmans, ils observent fidèlement les commandements de la loi du Prophète et les rites des sectes hanefite ou malekite.

Le sultan du Mogreb — Occident — souverain du Maroc est leur chef spirituel. Ceux de la classe aisée, propriétaires, marchands ou fonctionnaires, portent hors de chez eux un costume élégant et riche, à peu près semblable à celui des habitants de Tunis, leurs coreligionnaires, — soit une veste longue en drap, d'une couleur claire ou au moins voyante, ornée de broderies, soutaches et agréments de nuance plus foncée sur un gilet pareil. Puis, au-dessous d'une ceinture de soie richement bariolée et faisant plusieurs tours, à la hauteur des reins, un vaste pantalon plissé, de largeur énorme, mais court, descend un peu plus bas que le genou.

La tête rasée est coiffée d'une *chachia*, bonnet rouge foncé, où s'attache au milieu un gros gland de longue soie bleue ou jaune. Ce bonnet forme la calotte du turban, dont la toile d'un blanc mat, brodée de soie jaune brillante, fait plusieurs tours au-dessus du front qu'elle cache à demi, le tout se recouvre d'un *burnous*, — manteau-capuchon d'une éclatante blancheur, brodé et orné de glands en soie pareille.

Les jambes sont nues, sauf chez les vieillards ou les

francisés, qui se permettent des bas de coton ou de laine, et les pieds se chaussent de souliers très découverts, à bout large et rond. Quelques-uns, parmi les hommes d'âge, portent la barbe longue et il s'en voit parmi eux de superbes. Mais les jeunes surtout, et le plus grand nombre, se contentent de la moustache.

Comme de raison, la tenue des pauvres est beaucoup plus modeste ; leur vêtement sommaire et léger, se compose d'une mauvaise *chachia* ou calotte rouge, entourée d'un mouchoir en cotonnade bariolée ; une ceinture de laine commune sur une chemise de couleur ; un caleçon de toile écrue, et des savattes, avec un grossier caban. Tel est l'accoutrement ordinaire de ceux qui exercent quelque métier ou profession manuelle.

Et cependant l'on compte parmi eux des ouvriers habiles comme selliers, brodeurs, bijoutiers, plus, force cordonniers et barbiers.

Au contraire des hommes, les femmes mauresques honnêtes ou non, portent toutes le même costume, hors de chez elles et sont, en quelque sorte, masquées de la tête aux pieds. Le HAÏK, longue pièce d'étoffe blanche, leur couvre la tête et le corps jusqu'à la ceinture ; un voile plus ou moins transparent, noué par derrière, cache le bas du visage, en sorte que de la femme, on ne voit que les yeux. De plus, un énorme pantalon de coton blanc descend jusqu'à la cheville.

Nus ou chaussés de bas blancs ou gris, les pieds sont enfermés dans des souliers larges, courts et ronds du bout ; mais si leur tenue de ville rend les mauresques semblables à de gros paquets de linge, leur toilette d'intérieur est aussi élégante que riche chez les femmes de la classe aisée, et surtout chez celles condamnées par la misère à l'exercice d'une profession qui ne se peut honnêtement désigner.

Quant à l'Arabe de la plaine, il porte toujours l'antique et souple vêtement des fils d'Ismaël. Les modes qu'il suit remontent au temps d'Abraham et des enfants de Jacob. Un caleçon de tissu grossier, une *gandoura*, longue blouse à manches très courtes, en laine ou coton, en dessus un *haïk* en étoffe de Tunis, — soie et laine fine, — si l'homme est riche, — en laine grossière ou coton, s'il est pauvre. Enfin, sur le tout, un et même deux burnous en laine grossière, de teinte blanc sale ou brune.

Sur la tête rasée, une calotte rouge bourrée de force chiffons, recouverte par le pan supérieur du HAÏK, serré autour de la tête par les nombreux tours d'une corde de poil de chameau, dont la nuance varie du blanc clair au noir d'ébène, suivant les localités.

Les Kabyles, hommes et femmes, sont absolument vêtus comme les Arabes, seulement les femmes ne se voilent pas le visage et portent une coiffure différente. Leurs cheveux sont enroulés en corde sur la tête. Une tunique de coton à manches courtes, une ceinture de corde ou de cuir, des bracelets de corne et une pièce de coton dont elles s'enveloppent, le haut du corps.

Quant aux hommes, *gandourah, haïk, caleçon* et *bernous* de laine ou coton, le tout blanc comme chez les Arabes, mais encore et aussi comme chez ceux-ci d'une blancheur sale.

Mulatresses et négresses sont encore moins vêtues que les mauresques ; une tunique très courte en coton, un mouchoir sur la tête, pas de voile pour cacher leurs faces noires ou bistrées, un caleçon d'indienne, et par-dessus une mleïa, grande mante à carreaux bleus et blancs en coton.

Le nègre ou négro se contente ordinairement d'une chemise et d'un caleçon ; parfois, il y ajoute une veste. Pour la tête, une mauvaise calotte et un mouchoir de couleur lui composent un turban dont il se montre fier. Mais, en général, il est susceptible sur le blanc de son costume, il lui faut du blanc non douteux et les jours de fête, de la tête aux pieds, il est vêtu de laine ou coton d'une blancheur immaculée.

A Alger, les Kabyles exercent, en général, les professions de portefaix, d'aide-maçon, surtout de porteur d'eau. Pour exercer ces petits métiers et travailler aux champs dans le temps des récoltes, fenaison et moisson, ils descendent en nombre de leurs montagnes où ils retournent quand ils ont gagné un petit pécule.

Le Mozabite, qui vient des oasis du Sud, est ânier, baigneur, maçon. Son costume est une simple gandoura de laine blanche à petites raies noires. Quoique petit, il est robuste, trapu et surtout laborieux, et c'est parmi les gens de cette race musulmane mais hérétique, que se trouvent de véritables artistes en fait de massage, qui vous pétrissent comme pâte au sortir de l'étuve qui constitue le bain maure (Turkish bath).

Mais on trouve encore, à Alger, un personnage utile à certaines heures, en général insupportable, une sorte de lazzarone, qui se rencontre partout nuit et jour, c'est le *yaoulet*, à la lettre, — jeune garçon appartenant à quelqu'une des races qui forment le fonds commun où se recrutent les classes dégradées de la population algérienne. C'est, en réalité, le gamin indigène, — le voyou, le gavroche de toutes les villes du littoral africain, — le Jean-fait-tout de celui qui le paye, décrotteur, commissionnaire, messager, allant, venant, courant, portant, obséquieux, insolent, menteur, rapinard, malin, gai ou pleurard. Le yaoulet sert à tout, est bon à tout et encore à autre chose !

Enfin, après cet adolescent d'espèce spéciale, car le *yaoulet* est toujours jeune, vient le mendiant arabe qui, partout obsède le passant, le mendiant, toujours déguenillé, dépenaillé, à peine vêtu de haillons crasseux, troués, bizarres et toujours d'une saleté sordide qui semble fait pour montrer à l'œil de l'homme civilisé, à quel degré d'abjection peut tomber un être à figure humaine ; c'est là que les peintres réalistes peuvent trouver à foison des types au-dessous de ce que l'imagination des Callot et des Goya a jamais pu rêver.

Chez les Israélites aussi, il y a des misères nombreuses, mais aussi une charité active vient à leur secours. L'aumône est parmi les riches, un devoir dont aucun ne s'affranchit, et les malheureux sont indistinctement l'objet d'une générosité aussi louable qu'éclairée.

Sombre et négligé à dessein avant la conquête, le costume des Juifs indigènes s'est depuis modifié sans avoir changé de forme et n'est plus toujours de couleur foncée, surtout chez les jeunes gens. D'ailleurs, presque tous ceux de la classe aisée ont pris l'habit européen, et quelques-uns même suivent les modes françaises qu'ils exagèrent. Beaucoup de jeunes filles israélites sont vêtues exactement comme des Parisiennes. Cependant la majorité a conservé la robe de brocard sans manches et le mouchoir de soie que portaient leurs aïeules au temps des Turcs.

En ce qui concerne leur régime alimentaire, Arabes ou Maures sont généralement d'une grande sobriété. Leur nourriture est simple, — des galettes de pain minces et croquantes, puis le *kouskous*, sorte de semoule de blé bouilli et plus ou moins assaisonné. Le *kouskous* reçoit toute espèce de condiment, poivre, safran, etc.; on l'accommode à la graisse et aussi au miel ou au sucre. Tantôt il forme le plat principal du repas, tantôt il joue le rôle d'entremets dans les familles aisées seulement. Des fruits, du laitage à la campagne, du mouton bouilli ou rôti, et pour unique boisson, de l'eau. Aussi, chez eux, pas de ces voix enrouées qui sentent l'alcool; les femmes, en particulier, sont presque toutes douées d'un timbre de voix clair et argentin. Dans le nombre, on ne voit guère de dents gâtées, ni de bouches démeublées.

Par contre, dans la basse classe de la population indigène, qui n'a pris que les vices de notre civilisation, règne dans les vêtements et dans l'intérieur des misérables demeures où elle s'entasse, une malpropreté morale et physique qui dépasse tout ce qui se peut imaginer.

Au reste, quelques promenades au travers de la haute ville en apprendront plus sur ce point que dix volumes imprimés. Il faut donc laisser au curieux le soin de se diriger lui-même dans ses études sur les divers éléments qui composent la population indigène de la capitale de l'Algérie.

Maintenant, il s'agit de passer de l'intérieur à l'extérieur, et de tracer quelques itinéraires utiles à ceux qui veulent visiter les environs d'Alger et les localités les plus intéressantes de la province.

## ENVIRONS D'ALGER

De tous les côtés, cette ville est entourée de villages et d'habitations de construction mauresque ou française. Aujourd'hui, cette dernière catégorie est beaucoup plus nombreuse que l'autre. La plupart des anciennes habitations tombées en ruines ont été remplacées par des maisons plus commodes et mieux appropriées aux habitudes de la vie européenne.

L'architecture arabe, en effet, ne pouvait convenir qu'aux Indigènes, Maures ou Israélites. Entièrement fermée au dehors, abritée contre la chaleur et les regards indiscrets par des murs épais, et ne prenant jour que par le haut de la cour intérieure, la maison de campagne (djenan) comme celle de ville, était défendue contre les entreprises des voleurs ou les brutalités des nombreux aventuriers qu'attirait à Alger l'espoir de prendre part aux profits du brigandage maritime ou des commerces interlopes qui en vivaient.

Aujourd'hui, les *djenan*, comme les maisons ou *dar* de la vieille cité des pirates, ont fait place à des demeures moins bien défendues peut-être contre la chaleur, mais plus commodes ; quant aux malfaiteurs, on n'a guères à redouter de leur part que de menus vols sans violence, car dans tout le périmètre de l'arrondissement d'Alger, la sécurité publique est aussi bien garantie que dans aucun canton de France ou d'Angleterre. Même pendant les plus violentes insurrections des Arabes, et, notamment, dans la dernière et la plus terrible — celle de 1871, le *Sahel*, — soit la chaîne de collines qui domine la côte et dont la ville occupe une pente, la banlieue d'Alger n'a pas été menacée *un seul moment*.

Au nombre des promenades les plus agréables dans

cette zone pittoresque, il en est une qui exige au plus une après-midi en voiture, en parcourant de 28 à 30 kilomètres — environ 17 miles anglais. C'est le VOYAGE D'ALGER A TIXERAIM et retour par deux routes différentes.

Pour le faire le plus vite possible, en ne rien négligeant de ce qui est digne d'attention, il faut partir d'Alger par la rue Bab-Azoun, la place du Théâtre et la rue de Constantine jusqu'aux limites de la ville : chemin tracé plus haut ; puis on continue de marcher dans le même sens entre la mer et les premières pentes du *Sahel* à travers de l'Agha — partie inférieure de la commune de Mustapha; — arrivé à la grande esplanade, dite Champ-de-Manœuvres, un léger détour à droite vous conduit sur la route de Kouba où vous rencontrez à droite, un quartier bâti où s'élèvent une foule d'élégantes *villas* entourées de beaux jardins ; plus loin à gauche et à droite les hameaux aussi bien peuplés de Bellecour et de l'orangerie et enfin le

# JARDIN D'ESSAI

C'est le plus beau des jardins de l'Algérie et à coup sûr l'un des plus beaux et des plus variés du monde. Car les plantes, les arbres, les fleurs de toutes les contrées méridionales et de la zone tempérée semblent s'y être donné rendez-vous. C'est à la fois un jardin d'acclimatation, une pépinière utile et une promenade charmante.

Là, le bambou et le palmier croissent et prospèrent à côté du platane et du chêne. La poire et la pomme mûrissent sur la même terre que l'orange et le citron. Toutes les verdures et toutes les fleurs embaument l'air et charment les yeux.

En sortant du Jardin d'essai, on reprend la route de Kouba jusqu'au Ruisseau, puis tournant à droite, on suit le chemin placé le long du ravin — dit de la *Femme sauvage*, — nom qui lui vient d'un débit placé au milieu et tenu, il y a près de 30 ans, par une jeune femme qui, depuis, ne s'est pas montrée trop farouche. Au débouché de ce ravin, on rencontre le village de Birmandreïs (en arabe Puits du Capitaine) où l'on rejoint la grande route de Constantine ; de là, au travers de terrains accidentés, couverts de cultures et semés de nombreuses habitations, on se dirige vers le bourg de Birkadem (Puits de la Négresse) où se trouve une fontaine en marbre, de style mauresque, la seule peut-être qui soit aussi bien conservée.

Après avoir dépassé les dernières maisons du village, en quittant la grande route pour s'engager à droite dans un chemin plus étroit, mais pourtant praticable aux voitures, qui passe devant le cimetière et fait retour du côté d'Alger, on se trouve devant une maison située à côté d'un grand pin, dont la silhouette se dessine à l'horizon, au-dessus du coteau ; à gauche, s'embranche un chemin où la voiture peut encore passer et qui ne tarde pas à conduire sous un aqueduc, où l'on est forcé de la laisser; puis, en faisant quelques pas à gauche, on arrive à une fontaine de structure moins riche que celle de Birkadem, mais que fait valoir le pittoresque de sa situation.

Et tout près, au bout d'un sentier qui passe devant la fontaine à travers des cactus à raquettes (figuiers de Barbarie), l'observateur pourra voir, en cet endroit, un spécimen complet et debout du village arabe : celui de Tixeraïm qui n'a été en rien changé depuis la conquête; c'est un amas de gourbis environnés de cactus et d'aloès avec un *marabout*, petite rotonde à toit hémisphérique qui sert de mosquée aux habitants du lieu.

De là il faut revenir au chemin qu'on a quitté à la maison du Pin, et continuant à le suivre, voir en passant le Château-d'Hydra, construction mauresque bien conservée à l'intérieur ; du haut de la terrasse supérieure une vue splendide sur la plaine et la montagne s'offre de toutes parts à l'œil des visiteurs. Puis par une coupée dans le roc dit passage des Thermopyles, la route descend dans le ravin de *Birmandreïs* au-dessus du village et remonte, pour atteindre au sommet du versant opposé, la Colonne *Voirol*.— bâtie en mémoire du général de ce nom et des troupes qui ont construit par ses ordres la route la plus directe d'Alger à la plaine. Un peu plus bas et en redescendant vers la ville, il faut s'arrêter devant le panorama que présentent Alger et son port à gauche, au centre les villas et jardins de Mustapha et la rade, et enfin à droite, Hussein-Dey, le Jardin-d'Essai et les montagnes qui ferment la plaine en s'abaissant jusqu'au cap Matifou.

Plus bas encore, à Mustapha-Supérieur, on contourne en descendant le riche et beau palais d'été du gouvernement, et la rentrée en ville se fait par la porte d'Isly.

Cette promenade qui, en voiture, n'exige guère qu'une après-midi, est l'une des plus agréables des environs d'Alger et se recommande fortement aux touristes, d'autant que l'existence du village indigène de Tixeraïm est absolument inconnue à la grande majorité des habitants européens d'Alger.

## VISITE A STAOUÉLI

Pour voir les environs d'Alger du côté opposé à celui qui a été décrit, il ne faut guère plus de temps, en suivant l'itinéraire tracé ci-après et en se bornant à un examen rapide des localités parcourues. C'est un court voyage d'environ 40 kilomètres, soit à peu près 23 miles anglais.

Partant d'Alger par la porte Bab-el-Oued, située au bout de l'esplanade où se trouve l'arsenal, on suit la route dite de Malakoff, qui longe la mer, en laissant de côté, à gauche, les maisons et usines du faubourg Bab-el-Oued et le pied du mont Bouzaréa. Sur le contrefort le plus avancé de cette hauteur, se dressent les bâtiments du petit séminaire, l'église consacrée à Notre-Dame-d'Afrique et le couvent habité par les moines de l'ordre des Prémontrés. Puis la route passe entre le cimetière d'Alger, à gauche, et le fort dit des Anglais à droite. C'est une vieille fortification bâtie par les Turcs sur les bords de la côte.

Vient ensuite, à moins de 3 kilomètres (1 mile et demi) d'Alger, le village de Saint-Eugène, agréable assemblage de jardins et villas, construites et habitées en général par des Européens que leurs affaires ou leurs travaux professionnels appellent chaque jour en ville.

La route se continue plus loin, sur des terrains placés entre la mer et les hauteurs escarpées du *Sahel* et qui se resserrent au point que le côté droit de la route se trouve, en quelque sorte, suspendu au-dessus d'une falaise presque droite, dont le bas est baigné par les flots. Puis, on arrive à la Pointe-Pescade, amas de rochers qui s'avancent dans la mer et qui, au sommet de l'angle aigu qu'ils forment, est couronné des ruines d'un vieux fort. Après avoir descendu et tourné dans un ravin, le chemin, moins accidenté, conduit au plateau du cap Caxine, phare de premier ordre, de construction élégante et solide.

Après le phare et à une courte distance, une masse de roches entassées surplombe sur la route; dans le bas de ces roches, s'ouvre une *grotte* que les savants affirment avoir servi de demeure à l'homme primitif ; pour la visiter il faut en demander la clef au débit situé devant le phare.

Du cap Caxine, toujours en suivant la cote à l'Ouest, la route conduit au village de Guyotville à 15 kilomètres — 8 miles et demi — d'Alger. A ce point elle tourne pour courir vers le Sud entre la mer et les riches cultures des trappistes jusqu'au village de Staouëli marine, d'où l'on aperçoit la presque île de Sidi-Ferruch, son fort de construction moderne, et la rade où débarquait l'armée française le 14 juin 1830 ; de Staouëli un chemin qui s'embranche à gauche conduit au couvent de la Trappe entouré de terres closes et admirablement cultivées. L'étranger est toujours bien accueilli par les religieux qui en sont propriétaires.

Après avoir visité le couvent et ses dépendances, on revient par le beau village de Chéragas, où se cultivent sur de vastes espaces, des geraniums et fleurs de toute sorte qui se convertissent en parfums dont il se fait un commerce assez important; puis en remontant, on traverse le village d'El-Biar dans toute sa longueur pour rentrer en ville, en passant sous le fort l'Empereur, par la porte dite du Sahel et la Casba.

Une autre excursion intéressante peut encore se faire en quelques heures seulement, pour visiter la partie la plus élevée du *Sahel* d'Alger, il faut alors partir de la place du Théâtre et s'élever jusques vers la porte du *Sahel* en passant par la montée que décrivent la rue et ensuite la route Rovigo. Arrivé en haut sur la route qui passe sous la porte du Sahel, on tourne de ce côté, c'est-à-dire à gauche. Puis après avoir suivi la route jusqu'au bout d'El-Biar, au lieu de la continuer vers Chéragas, on s'engage à droite dans un chemin très praticable aux voitures qui vous conduit au centre de la commune de Bouzaréa, perchée sur le flanc Sud de cette montagne, à quelques pas d'un hameau où se trouvent l'église et la gendarmerie; le dôme blanc d'un petit marabout entouré de cactus et de lentisques vous indique le voisinage d'un village arabe habité par les restes d'une tribu à laquelle le Bouzaréa avait donné son nom.

Pour revenir à Alger, on descend par un chemin très accidenté à travers des ravins bien boisés, des gorges ombreuses, le tout semé de maisons blanches bâties à l'européenne et de constructions mauresques dont quelques-unes vastes et bien conservées ; et, après de nombreux détours, on tombe sur le chemin — dit des carrières, et l'on rentre en ville par le faubourg et la porte Bab-el-Oued.

De ce côté encore se trouve le Frais-Vallon qui, abrité contre le vent du Sud, mérite le nom que les Algériens lui ont donné.

Enfin, pour ceux qui voudraient faire une étude complète des environs d'Alger, il est une foule de localités pittoresques qui méritent d'être visitées, mais qu'il serait impossible d'indiquer sans sortir du cadre de cette notice.

Maintenant et sans nous arrêter, il faut conduire le touriste sur des points plus éloignés et lui offrir quelques notions utiles sur les itinéraires à suivre dans ses excursions en pays arabe ou kabyle.

## EN KABYLIE — LE FORT NATIONAL

Pour se faire une idée exacte des mœurs de la race kabyle et des contrées montagneuses qu'elle habite, il n'est meilleur moyen que de pousser une pointe en plein cœur de la Kabylie, jusqu'au Fort-National — distance de 128 kilomètres — environ 72 miles dans l'Est d'Alger, en voiture particulière, ce qui est le meilleur véhicule — pour bien voir et s'arrêter à volonté ; cette excursion — aller et retour — exige au moins six jours.

Au départ d'Alger par Mustapha, en prenant la route qui longe le chemin de fer d'Alger à Oran, on passe par le village d'Hussein-Dey et l'on traverse le pont construit sur l'Harrach, l'un des cours d'eau les plus considérables de la province, pour arriver à un bourg situé sur la rive droite qui doit son nom de — la Maison-Carrée — à l'ancien bordj ou fort qui le domine, bâti au temps des Turcs.

Placé sur une hauteur presque à l'embouchure de l'Harrach dans la mer, ce bordj forme un carré de murs épais, derrière lesquels une garnison de janissaires surveillait le côté oriental de la plaine jusqu'au pied de l'Atlas.

Par une route tournant de gauche à droite, au sortir du bourg entièrement bâti à la française, on monte jusqu'à ce fort-caserne, aujourd'hui servant de prison centrale aux condamnés indigènes, et dont la porte se trouve au côté gauche de la route.

Au delà, cette route continue tout droit en s'éloignant de la mer et laissant à gauche le village mahonnais du Fort-de-l'Eau, bâti au bord de la rade d'Alger et qui, par la richesse de ses cultures maraîchères mérite une visite spéciale ; on traverse les villages européens de Rouïba et la Réghaïa pour arriver à l'Alma, autre centre de population situé à 37 kilom. (24 miles et demi) d'Alger et là on s'arrête pour déjeuner. C'est jusqu'à cet endroit que l'insurrection kabyle a pénétré, en 1871, et a été repoussée avant de pouvoir aborder la plaine.

Après une heure ou deux de repos, on franchit le Boudouaou sur un pont en fer et passant devant les bâtiments de la grande ferme de l'Oued Corso, on monte au hameau de Bellefontaine et de là au Col des Beni-Aïcha, placé à 52 kilom. (30 miles d'Alger) où l'on fera bien de coucher dans une des auberges qui s'y trouvent bâties.

D'ailleurs, il faut le répéter, dans cette partie de la province comme partout, la tranquillité est si bien rétablie que l'européen même isolé peut y voyager en sécurité parfaite.

Du Col, on descend au caravansérail des Issers, à 13 kil. plus loin, et de là, en passant près de Bordj-Menaiel, on parvient, par une route peu accidentée jusqu'au caravansérail de Azib-Zamoun, où s'embranche à gauche le chemin de Dellys. Après une halte en cet endroit, on reprend la route droit à l'Est, pour traverser la vallée du *Sebaou*, assez fort cours d'eau, qui se jette dans la mer près de Dellys et l'on s'arrête à la fin de cette journée à Tizi-Ouzou, fort village situé au nord du Jurjura, à 101 kilomètres, environ 58 miles à l'est d'Alger.

A cet endroit, les auberges ne manquent pas, mais le voyageur fera bien de descendre à l'hôtel tenu par Berthon, où il sera bien traité. Le maître de la maison, colon de vieille date, lui fournira d'excellents guides pour le conduire au village kabyle de Tizi-Ouzou et ceux qui se trouvent au delà sur la route du Fort-National. C'est là qu'il pourra saisir sur le vif les traits saillants de la vie et des mœurs de la population, berbère d'origine, qui habite cette région montagneuse.

Sorti de Tizi-Ouzou, le lendemain, au premier tournant de la route en zigzag qui monte au Fort, après avoir traversé un ruisseau qui porte le nom d'Oued-Aïri, on découvre un magnifique paysage dont les pics du Jurjura forment le fond.

Arrivé au Fort d'assez bonne heure pour visiter les environs de cette place consistant en un large terrain environné de murs qui, armé et pourvu d'une garnison suffisante, assure la domination française dans le massif du Jurjura, centre de la grande Kabylie, le voyageur est forcé, pour en revenir, de prendre à rebours le chemin par où il est arrivé, car, de tout autre côté, il n'existe plus de voie carrossable; pourtant il peut, avant de dépasser Azib-Zamoun, faire un crochet à droite et aller jusqu'à Dellys, petit port de mer, situé à la pointe du cap Benguí, à environ 100 kilomètres d'Alger, mais cette course nécessiterait deux jours de plus. D'ailleurs, il est facile, en revenant, de s'arrêter à d'autres stations que celles désignées, pour examiner avec plus de détail les points intéressants du parcours entier.

## PALESTRO. — LES PORTES-DE-FER

Un autre voyage plus long, mais qui offre peut-être un intérêt plus marqué, est celui qui, à travers la Kabylie méridionale, conduit aux Portes-de-Fer par une route à peine encore tracée dans certaines parties de son parcours.

A la différence des autres excursions où, au prix de quelques inconvénients, l'on peut se servir des voitures publiques, celle-ci ne peut se faire qu'à cheval ou mieux en voiture particulière. Comme dans tout voyage en Algérie dans ces conditions, le touriste fera bien de réduire son bagage. Des vêtements légers en laine, des pardessus et couvertures, des chaussures solides, voilà l'indispensable ; — plus, les cantines ou popotes bien garnies de quelques provisions de bouche, faciles à renouveler, sucre, café et conserves, outre un petit baril de bon vin, suffiraient pour suppléer aux ressources parfois exiguës qu'il rencontrerait en route.

Ainsi muni de l'indispensable pour entreprendre une

course jusqu'aux Portes-de-Fer, c'est-à-dire de 200 kil. — soit environ 444 miles, pour y aller directement et un peu plus pour le retour par une voie différente. Il ne faut pourtant pas dépasser une moyenne de 60 kil., ou 34 à 35 miles anglais, par journée de marche — en deux étapes — dont la plus longue doit être celle du matin, qu'il faut commencer au lever du jour pour s'arrêter avant dix heures du matin.

Maintenant, voici l'itinéraire à suivre :

Départ d'Alger de bonne heure en suivant la même route que pour aller au Fort-National. Arrivée à dix heures du matin au col des Beni-Aïcha où l'on s'arrêtera quelques heures pour laisser reposer les chevaux. Peut-être même, si l'attelage est vigoureux et si l'on est pourvu de provisions pour déjeuner, vaudrait-il mieux pousser plus loin. — Dans ce cas, descendre encore trois kilomètres — environ 2 miles, dans la vallée de l'Isser et sans franchir ce cours d'eau, prendre à droite une route qui en remonte la rive gauche en se dirigeant au Sud. De ce côté se rencontre bientôt un massif de vieux oliviers, au-dessus duquel s'élève un magnifique palmier. Cet endroit offre un site enchanteur, il s'y trouve un puits de bonne eau et un café maure tout près. Une halte un peu longue permettrait aux artistes d'en tirer de charmants croquis ; mais, qu'on s'arrête là ou au Col, il est bon de donner aux chevaux un repos nécessaire, et il faut en agir de même pendant tout le voyage, car souvent il est nécessaire de forcer les étapes comme dans cette première journée.

Un peu à droite s'élèvent les maisons tout récemment bâties du village qui a pris le nom de Souk-el-Had.

Peu après avoir dépassé cet endroit, la route commence à monter. Toujours en suivant la vallée de l'Isser et vers le 70° kilomètre, distance d'Alger, on aperçoit les gorges de Ben-Ini qui, par leur hauteur et leur position, se peuvent comparer aux gorges du Rhummel que domine Constantine.

En avançant encore, la route se resserre entre des rochers qui, de chaque côté, s'élèvent ne laissant entre eux qu'un espace libre de 60 mètres au plus, au milieu duquel coule l'Isser, tantôt ruisseau, tantôt torrent, dont les flots battent à une grande hauteur les murailles de pierre qui les enferment de chaque côté. La route passe au pied de ces escarpements qui la dominent d'une hauteur de 150 à 200 mètres, et dont les pointes s'avancent menaçantes au-dessus de la tête du voyageur. Ce passage n'a pas moins de 3 kilomètres de longueur, soit près de 2 miles, et il n'est pas rare de voir au milieu, des singes qui viennent boire à la rivière.

Enfin, la route finit par s'enfoncer dans un *tunnel* percé à travers la roche trop haute pour qu'on ait pu la couper par une tranchée à ciel ouvert. Mais avant d'y arriver les curieux visiteront une grotte immense qui surplombe sur la route à droite et n'est visible qu'après l'avoir dépassée; on peut y grimper par un sentier qui descend au-dessous, pour jouir du merveilleux coup d'œil que de ce point présente la gorge.

Arrivé à l'entrée du tunnel, si l'on regarde au-dessus, il est facile de distinguer des figures de toutes sortes, taillées dans la pierre par les pluies descendant des terres supérieures ; on remarque surtout une tête d'éléphant dont la trompe semble se diriger en bas sur le spectateur.

De même, avant de sortir de cette voie souterraine, il ne faut pas manquer de regarder la rivière qui coule au fond, bien au-dessous, pour voir sortir, tout au bas du rocher, une source qui forme des stalactites d'un merveilleux effet.

Enfin, quand la route est sortie du tunnel, avant comme après le pont des Ben-Heni qu'elle franchit, des sources nombreuses s'aperçoivent, qui jaillissent des flancs de la montagne et animent le paysage, et l'on entre dans le village européen de Palestro — distance d'Alger 79 kilom., — soit 45 miles anglais.

Complètement ruiné par l'insurrection de 1871, dont il est impossible de retracer les horreurs : meurtre, incendie, pillage, tous les maux d'une guerre barbare avaient passé sur ce malheureux pays. Mais, grâce à l'activité, au courage invincible de ses habitants trop éprouvés, Palestro est déjà relevé de ses ruines, ses maisons sont rebâties, ses pertes réparées, ses terres remises en culture. Il est plus peuplé, plus florissant, qu'il n'était avant sa destruction.

Pour y passer la nuit, le voyageur trouve à choisir entre les divers hôtels qui s'y trouvent : puis, après s'être bien reposé, il reprendra la route qui se dirige en ligne droite sur le massif du Jurjura, dont les pics se distinguent d'Alger quand on regarde l'horizon vers l'Orient.

2ᵉ journée. — En sortant de Palestro de bon matin, reprendre la route toujours très bonne — faire halte à l'Oued Djemâa, au caravansérail où, comme dans tous les autres, on trouve vivres et coucher au besoin. Au delà, après une montée de 6 kilom., soit 4 miles, on cotoye une forêt qui s'étend jusque près de Bouïra et qui est encore fréquentée par des lions. C'est le seul endroit de la province d'Alger où il s'en trouve encore. Parvenu à Bordj-Bouïra, à distance d'Alger de 125 kilom. — 77 miles — on n'est plus éloigné du Jurjura que de 7 kilom, soit 4 miles, et il faut passer la nuit en cet endroit.

3ᵉ journée. — Le lendemain, s'arrêter si l'on veut, à Aïn-el-Smaan (source des ruines), où est établi un caravansérail, ou bien pousser jusqu'à Adjiba. Sur ce point, l'entreprise Molot, chargée de la construction de la route, a construit plusieurs maisons dans le voisinage d'un village kabyle. Après quelques heures de repos, continuer la route qui contourne le Jurjura dont elle n'est séparée que par un cours d'eau dit *Oued Sahel*. Puis, elle traverse un beau bois d'oliviers au bout duquel on rencontre le gros village kabyle de Taourit. Enfin, après avoir fait 3 kilomètres de plus, on arrive à Beni-Mansour — caravansérail où l'on s'arrête pour passer la nuit.

4ᵉ journée. — De Beni-Mansour aux Portes-de-Fer, la distance n'est que de 23 kilom. — 13 miles — mais avant de partir, il faut se pourvoir de provisions et même d'eau potable, car on n'en saurait trouver nulle part, ni sur le chemin ni au terme de cette dernière étape. On fera bien aussi de se faire accompagner d'un guide et l'on n'aura qu'à choisir entre les indigènes qui offrent leurs services aux voyageurs. Mais il ne faut pas manquer de fixer le prix du service qu'il vous rendra.

En quittant Beni Mansour, on trouve à *Azzrou Kollal* (ciel bleu) le camp des ouvriers qui travaillent à la route, puis les 3 Palmiers, et l'on arrive enfin sans quitter la voiture à la *grande porte* d'ouverture assez large. A travers ce passage la route continue et on la suit pour, au bout d'un kilomètre, visiter les sources d'eau chaudes et sulfureuses qui sortent d'un amas de laves volcaniques refroidies, car de ce côté probablement s'ouvrait un cratère depuis longtemps éteint.

Pour visiter, ce qu'on appelle les petites portes qui offrent le plus d'intérêt, il faut revenir sur ses pas, jusqu'au camp des palmiers et de là remonter à pied le lit du cours d'eau, dit *Rivière salée* pendant 3 kilomètres — 1 mile et demi. Alors on voit se dresser comme une muraille infranchissable de rochers qui n'a pas moins de 250 à 300 mètres de hauteur, qui se succèdent séparés par des intervalles de 15 à 30 mètres de parties marneuses. Ce sont des couches alternées de calcaire et de marne qui primitivement horizontales ont été redressées en bloc par une violente éruption et s'appuyent à des crêtes qu'elles coupent en ressauts infranchissables et offrant à leur cime l'aspect de crénaux à pic. Mais aucune description ne saurait donner une idée exacte des passages étroits ou pour mieux dire des fissures creusées par les eaux au travers des anfractuosités par où il faut passer pour franchir les *petites portes* au nombre de quatre qui traversent à ce point la chaîne abrupte des Bibans. La dernière s'ouvre sur un pays admirable où des vallées pittoresques, des montagnes couvertes de pins, de melèzes, d'oliviers, de grenadiers de plus de cinquante pieds de haut, rappellent les plus beaux aspects des Pyrénées et des Alpes.

5$^{me}$ et 6$^{me}$ journées. — Au retour, il faut reprendre la même route, s'arrêter chaque soir pour coucher à Beni-Mansour et Bordj-Bouira. Puis, de ce point, partir le septième jour et prendre une route qui tourne à gauche vers le sud et, au bout d'environ 36 kilomètres qui se peuvent faire d'une seule traite, on quitte la Kabylie pour passer en pays arabe et arriver à Aumale, centre de population important, situé entre la plaine des Arib et le pied du grand Atlas.

Dans cette ville se retrouvent toutes les ressources de la civilisation, et après y avoir couché, on revient aisément en deux jours à Alger, à travers un pays accidenté et en suivant les crêtes du petit Atlas, par Bir-Rabalou et Tablat, pour descendre dans la plaine de la Mitidja où l'on s'arrête à l'Arba, de là par la Maison-Carrée on rentre à Alger le soir de la neuvième journée.

## EXCURSION A L'EST DE LA PROVINCE

### Boufarik, Blida, Médéa, Coléa

De ce côté, les voyages sont encore plus faciles, car l'on peut à son gré se servir du chemin de fer, des diligences et voitures publiques ou particulières. Mais pour bien étudier le pays, en s'arrêtant à son gré, la calèche à la journée est de beaucoup préférable.

Pour ceux qui veulent voir beaucoup et vite, voici le meilleur itinéraire.

— Partir d'Alger, le lundi, et de bon matin, par la route Rovigo pour traverser El-Biar dans sa longueur, puis, au bout de ce village, laissant de côté à droite la route de Chéragas, prendre à gauche celle de Dély-Ibrahim, bourg peuplé de colons originaires d'Allemagne et presque tous luthériens. Passer ensuite par Douéra, petite ville construite sur le plateau supérieur des collines formant le *Sahel* d'Alger, à 24 kilom., ou 14 miles de notre capitale.

De là, un chemin accidenté descend dans la plaine au bourg des Quatre-Chemins, ainsi nommé des deux voies qui s'y croisent et s'y divisent. Celui qui court à gauche à partir de là, conduit droit à Boufarik, bourg ou ville pittoresque et peuplée, qui s'étend sur de larges espaces, couverts de jardins, et se termine au Nord, du côté de la montagne par une gare du chemin de fer d'Alger à Oran.

Situé au centre de la plaine, relié à tous les points de la contrée la plus fertile et la mieux cultivée du pays par des voies de communication faciles, Boufarik est devenu le marché le plus considérable du département d'Alger et peut-être de l'Algérie.

Chevaux, bestiaux, denrées y affluent le lundi de chaque semaine. Européens et indigènes, kabyles et arabes s'y rendent pour vendre et pour acheter. Un caravansérail où siègent, d'un côté le juge de paix, de l'autre le cadi musulman pour statuer sur les contestations qui s'élèvent, est placé à peu près au centre d'un vaste terrain longeant la route de Boufarik à Blida.

C'est chose vraiment curieuse de voir une foule affairée où se mêlent et se confondent, rapprochés par leurs intérêts et leurs besoins, les éléments divers de la population algérienne. Tous sont là réunis, pour vendre, acheter, trafiquer, exercer mille métiers divers. Des abris couverts en toile décrivant une double ligne dans la partie la plus proche de la ville, servent de magasins aux colporteurs israélites qui débitent des tissus de toutes sortes et des vêtements confectionnés. Les indigènes vendent des fruits. Les maréchaux, pourvus de forges portatives des plus simples, ferrent les chevaux et aussi les bœufs. C'est partout un mouvement perpétuel qui ne cesse qu'à la clôture. Alors les tables des hôtels se garnissent de joyeux convives, et les hôtels sont en nombre à Boufarik; parmi eux se remarque l'hôtel Mazagran qui s'enorgueillit d'une enseigne peinte par un grand peintre contemporain. Dans un séjour qu'il fit à Boufarik il y a plus de 20 ans, Horace Vernet : le peintre voyageur paya de son pinceau l'excellente chère qu'il avait faite dans cette maison, alors tenue par un vrai cordon bleu.

Boufarik étant à 36 kilomètres d'Alger et seulement à 12 de Blida, il ne faut guère plus d'une heure pour se rendre dans cette dernière ville, dénommée par les indigânes : la ville des orangers, et qui mérite vraiment ce nom, car elle est environnée de jardins consacrés à la culture de ces arbres couverts de fruits dorés. Les oranges et les mandarines (oranges plus petites) de Blida et de ses environs jouissent aujourd'hui d'une réputation européenne. Plus d'un touriste anglais en a expédié à ses amis du Royaume-Uni.

Posée sur les premières pentes du versant de l'Atlas qui s'incline sur la plaine de la Mitidja, Blida la domine d'assez haut pour que de plusieurs points l'œil embrasse le pays plat qui s'étend jusqu'au *Sahel* d'Alger dont les collines lui dérobent la vue de la mer. Tout cet espace est peuplé de fermes, de maisons entourées d'arbres, dont la verdure ressort sur les champs couverts de cultures variées et forment autant d'oasis de teinte plus sombre. Les eaux de plusieurs ruisseaux qui descendent en cascades de la montagne, sur laquelle la ville s'appuye, arrosent de tous côtés la ville et lui donnent, même en été, une fraîcheur rare partout ailleurs dans la chaude saison. Les hôtels et cafés y sont nombreux et bien tenus. A un kilomètre en dehors de sa porte principale, dite Bab-el-Sept, s'élève la gare du chemin de fer.

C'est par cette porte qu'il faut sortir pour reprendre, à gauche, la route à peu près parallèle au chemin de fer. A 6 kilomètres, à l'ouest, on arrive sur les bords de la Chiffa : rivière ou plutôt torrent sur lequel est jeté un pont à piles en pierres et charpente en fer. Après ce pont, s'embranche sur la route, à gauche, une voie bien tracée et entretenue, qui fait retour au sud vers la montagne et pénètre au travers de gorges étroites creusées dans son épais massif par les eaux. Il n'est touriste ou curieux qui ne se fasse un devoir de traverser ces gorges sur le chemin étroit et sinueux taillé au flanc des rochers et comme suspendu entre les rocs supérieurs et le précipice où coule le torrent, tantôt écumeux et rugissant, tantôt ruisseau à peine perceptible. A peu près au milieu de cet étroit passage se rencontre, dans une situation pittoresque, une auberge où l'on déjeûne entre les cascades en miniature, d'un rivelet tombant du haut d'un mamelon couvert d'arbustes et broussailles vertes et baptisé du nom de Ruisseau des Singes, parce qu'on aperçoit souvent nombre de ces animaux, sur les pentes escarpées d'où il descend.

Après avoir débouché de la gorge, la route passe près de la roche *pourrie* composée d'un schiste mou et spongieux dont le poids des eaux qui le pénètrent dans la saison des pluies détache souvent d'assez fortes masses. De là, on entre dans une contrée coupée de collines et de vallons couverts de cultures et de plantations et par une montée assez douce, on parvient à Médéa, ancienne capitale du beylick de Titery — Etat feudataire de la régence d'Alger avant l'occupation française. Depuis, elle a conservé une certaine importance. Toujours pourvue d'une garnison nombreuse, placée sur une hauteur élevée, à 90 kilom., — 50 miles d'Alger — Médéa est le dernier centre de population du *Tell*, c'est-à-dire des terres complètement soumises et propres à la culture.

Il est possible d'aller beaucoup plus loin dans le Sud sans courir aucun danger, de pénétrer jusqu'à Boghar et même à Laghouat, situé à 400 kilom. — 228 milles de la mer ; mais il n'en faudrait pas moins s'exposer à des fatigues et des difficultés que tous les voyageurs ne sont pas disposés à subir : d'ailleurs, le résultat d'une course pénible pour beaucoup serait souvent au-dessous de ce qu'elle semble promettre.

Si l'on ne dépasse pas Médéa, il est nécessaire de revenir par le même chemin jusqu'à Blida, d'où, pour voir l'autre côté de la plaine et du Sahel d'Alger, on peut se diriger par une bonne route sur Coléa, qu'arabes et maures appellent encore la ville sainte. De ce côté, on passe d'abord par Oued-el-Alleug, groupe d'exploitations rurales considérables, puis on franchit sur un pont le Mazafran, rivière formée par la réunion des eaux de la *Chiffa* à celles de plusieurs ruisseaux ou torrents et par une montée tournante on arrive à Coléa, petite ville où se mêlent les constructions européennes ou mauresques, on y remarque le Jardin des Zouaves — qui occupe les deux côtés d'un ravin — autrefois stérile et transformé par lo travail des soldats de ce corps d'élite en délicieux bosquets pleins de fleurs et de fruits. Les orangers sont là d'une hauteur presque inconnue ailleurs.

Puis par un chemin qui descend vers la mer, on voit en passant le village de Douaouda, et traversant une seconde fois le Mazafran près de son embouchure dans la mer, on arrive à Zéralda autre village européen d'où par Staouëli et Chéragas on rentre à Alger en suivant le tracé de la 2° excursion des environs de cette ville.

Il est encore beaucoup d'autres localités intéressantes à divers points de vue qui se peuvent visiter, soit en se détournant quelque peu des itinéraires détaillés plus haut, soit en les prenant pour but d'une course spéciale, ainsi à l'Est et au Sud en suivant le pied de l'Atlas se trouvent les bourgs ou villages du Fondouk, de Rovigo, et plus loin de Souma près de Boufarik, de Mouzaïa après Blida et plus loin la ville de Miliana, perchée entre deux cascades sur un contrefort du Zaccar d'où la vue embrasse une bonne partie de la vallée du *Cheliff* le plus long des cours d'eau de l'Algérie et enfin la ville et le port de *Cherchel*, capitale de la Mauritanie aux temps des Romains où elle portait le nom de *Julia Cæsarœ*. C'est là que se trouvent les débris les mieux conservés de la sculpture et de l'architecture antique.

Mais ce serait sortir du cadre que s'est tracé l'auteur de ce modeste écrit, que d'entrer dans plus de détails. Sa tâche doit s'arrêter ici et son but sera atteint, s'il peut être utile à ses lecteurs en leur épargnant quelque fatigue et quelque contre-temps.

## NOTA.

Les chasseurs, les amateurs d'excursions plus complètes et plus longues, soucieux d'obtenir des informations et données exactes sur des localités et des sujets qui n'ont pu trouver place dans cette courte publication peuvent s'adresser tous les jours dans l'après-midi au magasin de photographie de M. Portier, rue Bab-Azoun, où ils trouveront accueil cordial et conseils désintéressés.

# C. PORTIER

## PHOTOGRAPHE-PAYSAGISTE

### LEÇONS AUX AMATEURS

Reproductions de Tombeaux, Portraits après décès, Villas, Salons, Groupes de Famille à la campagne

CHEVAUX ET ÉQUIPAGES, PLANS PHOTOGRAPHIÉS

## Magasin de vente, rue Bab-Azoun,

*au coin de la rue de la Flèche*

## VUES & TYPES DE L'ALGÉRIE

## CATALOGUE

VUE PANORAMIQUE D'ALGER, prise du musoir Nord, comprenant Notre-Dame-d'Afrique jusqu'au Télégraphe de Mustapha-Supérieur, grandeur $1^m 20$ .................... 15 fr.

| | | |
|---|---|---|
| VUE PANORAMIQUE d'une seule pièce, | $0^m 50$. | 8 |
| ID. | $0^m 27$. | 5 |
| ID. | $0^m 25$. | 3 |
| ID. | $0^m 18$. | 1 |
| PANORAMA DE LA PLACE ET MOSQUÉE, | $0^m 60$. | 8 |
| PANORAMA DE CONSTANTINE........ | $0^m 50$. | 8 |

## VUES ARTISTIQUES

mesurant 0 m 21, sur 0 m 27, prix : **2 fr. 50**

Alger, pris du fort des Pénitenciers.
Le Boulevard de la République.
La Mosquée.
10 des principales rues d'Alger.
Le Faubourg Bab-el-Oued.
Trois vues de la Pointe-Pescade.
La traverse de Birmandreïs.
Allée des Palmiers, Jardin-d'Essai.
   Id. Bananiers, id.
Route du Ruisseau à Birmandreïs.
La Fontaine de Birkadem.
La Fontaine de Tixeraïm.
Le Palais du Gouverneur (Mustapha).
   Son intérieur.
Id. Alger.
Vue d'Alger, prise des côteaux de Mustapha.
Vue des côteaux de Mustapha.
Une Campagne mauresque.

### Dans les environs d'Alger

Etude d'olivier.
Aloës.
Entrée de Blidah.
Blidah.
Le Bois-Sacré.
La vallée de l'Oued-el-Kebir.

Entrée des Gorges de la Chiffa.
La Sortie.
Le Ruisseau des Singes.
Le Pont.

## Voyage d'Alger aux Portes de Fer

Les Gorges des Issers, la lacune.
— le tunnel.
Le Jurjura, près de l'Adjiba.
La vallée de l'Oued-Sahel.
La forêt de Taourit.
Les Trois Palmiers.
Le pont de l'Oued-Mahrir.
Les grandes Portes.
Les Crevasses.
Les petites Portes.

## Antiquités romaines

Msila.
La vallée de l'Oued-Krob.
Madrassen (Tombeau des rois de Numidie.)
Forum de Djenila.
Bains romains à Lambessa.
Bou-Saâda.
Arc de triomphe en ruine.

———

Intérieur mauresque.
Grand Séminaire de Kouba, etc., etc.

# Épreuves-Album avec Titre-indicateur

Ces épreuves mesurent 0 m. 10 c. sur 0 m. 16 c.
(grandeur de la photographie)

L'ÉPREUVE ........................ 1 fr.

## DEUX CENTS CLICHÉS DIFFÉRENTS

LA COLLECTION SE COMPOSE DE :

**Alger** (Vue du Môle), **Mustapha, la Casbah, Boulevard de la République**
(Vue des deux *extrémités* du Boulevard)

### Rues

Rue de la Casba.
De la Colombe.
De la Grue.
De la Gazelle (haut).
De la Gazelle (bas).
Impasse de la Gazelle.
Rue de la Marine.
Tournant Rovigo (ancienne Porte-Neuve).
Rue du Rempart.
Rue Porte-Neuve.
CASBAH (Porte).
Casbah (Fontaine).
Casbah (Pavillon de la scène du Chasse-Mouche).
Casbah (Terrasse).

## Intérieurs mauresques

Intérieur du Musée.
    Cour.
    Premier étage.
Intérieur du Palais du Gouvernement.
    20 clichés d'intérieur (différents).

## Jardin d'Essai

Allée des Palmiers.
Allée des Bambous.
Allée des Cactus.
Allée des Platanes.
Allée des Bananiers.
Rond-Point.
Le Lac.
Café maure.
Café du Jardin-d'Essai.
Noria mahonnaise.

## Gorges de la Chiffa

Les Cascades.
Sidi-Madani.
La Route.
Le Ruisseau des Singes.
FORT DES ANGLAIS.
FORT DE LA POINTE-PESCADE.
FORT BARBEROUSSE.
Profil de la Pointe.

NOTRE-DAME-D'AFRIQUE.
 Vue de face.
 Vue de profil
Eglise de Sidi-Moussa.
Eglise anglicane.
Le grand Séminaire.

### Mosquées

Mosquée Sidi-Abderrahman (face).
Mosquée (ancienne rue communiquant à la Casbah).
Escalier de la Mosquée.
Tombeau (vu du Cimetière).
Carroubier (Mosquée).
Mosquée d'El-Kebir.
 Intérieur.
 La Cour.
Mosquée El-Djedid.
 Vue extérieure.
ETUDE D'OLIVIERS.
Route du Sacré-Cœur.

### Jardin Marengo

Jet d'eau et Avenue.
Kiosque.
Avenue des Bellombras.
Avenue des Palmiers.
Village d'Isly.
Mosquée derrière le Jardin Maringo.
Chefs indigènes, etc., etc.

# VOYAGE EN KABYLIE

TIZI-OUZOU (Épreuve de 0 35 c. de long), 4 fr.

**Épreuves à 1 franc :** 0 m. 10 c. sur 0 m. 16 c.

Rue de Tizi-Ouzou (village kabyle).
Ferme kabyle (Tizi-Ouzou).
Groupe de Femmes.
Fontaine Aïn-Sultan (Tizi-Ouzou).
Arbres de Berrani (route de Tizi-Ouzou à Fort-National).
Village kabyle (route de Tizi-Ouzou à Fort-National).
Route du Tournant d'Aïci.
Aspect de la Route.
Tribu.
Fort-National.

Toutes ces Epreuves sont en cartes et en stéréoscopes à **6 fr. la douzaine** et à **50 c.** la pièce.

A la série des Cartes, il faut ajouter :

MAURESQUE en costume de ville.
  Costumes d'intérieur (20 clichés différents).
MULATRE (trois poses).
NÉGRO (quatre poses).
NÉGRESSE (vendeuse de pain).
YAOULED de place (10 clichés).
MENDIANTS (10 clichés).
MAURES d'Alger (10 clichés).
ARABES de la plaine (5 clichés).
FAUCONNIERS.
CHAMELIERS (2 clichés).
HALTE d'une caravane.

TENTE de chef avec personnages.
TENTE commune.
BOURRIQUOTIERS (2 clichés).
MUSIQUE des nègres.
JUIF.
JUIVE.
DANSEUSE mauresque (4 clichés).
FEMME kabyle.
DEVINERESSE.
KABYLE.
Rampe Vallée.
Arsenal.
Notre-Dame-d'Afrique (vue de la Casba).
Etc., etc., etc.

En vente, 20 francs : ALBUM ALGÉRIEN, composé de *vingt vues différentes d'Alger et de ses environs*, se terminant *par douze des principaux types du pays*. — Sa reliure, imitation maroquain, et sa grandeur, 0 m. 14 c. sur 0 m. 25 c., en permettent l'expédition par la poste, pour la France et la Colonie. — *La Maison l'adresse franco*.

Pour toutes les COMMANDES, envoyer un bon sur la poste.

## PHOTOGRAPHIES DE LA PROVINCE DE CONSTANTINE

### Photographies diverses de la province d'Oran

RENSEIGNEMENTS ARTISTIQUES SUR LES VOYAGES

Alger. — Typ. Aillaud et Cie.

# Leçons d'Aquarelle

# LEROUX

## PEINTRE et PHOTOGRAPHE

### 9, Rue de la Lyre

*Voir les Expositions de la Rue Bab-Azoun*

www.ingramcontent.com/pod-product-compliance
Lightning Source LLC
Chambersburg PA
CBHW070659050426
42451CB00008B/433